Karlotta

26

Thomas Schmid

Feriengeschichten von Pippa

Bilder von
Stefanie Scharnberg

Verlag Friedrich Oetinger · Hamburg

Alles von Pippa

Pippa Lieblingstochter
Pippa Lieblingsfreundin
Schulgeschichten von Pippa
Feriengeschichten von Pippa

© Verlag Friedrich Oetinger GmbH, Hamburg 2006
Alle Rechte vorbehalten
Einband- und Reihengestaltung: Ralph Bittner und Manfred Limmroth
Titelbild und farbige Illustrationen: Stefanie Scharnberg
Reproduktion: Domino Medienservice GmbH, Lübeck
Druck und Bindung: Mohn Media · Mohndruck GmbH, Gütersloh
Printed in Germany 2006
ISBN 3-7891-0612-7

www.oetinger.de

Inselferien

Pippa steckt ihr Zeugnis in ihren Schulrucksack. Heute ist der letzte Schultag und das heißt, Pippa muss sich von Daniela verabschieden.
„Wünsch mir gute Reise", sagt Daniela am Schultor und umarmt Pippa.
„Gute Reise!", sagt Pippa.
Am nächsten Morgen wacht Pippa auf und weiß, dass dies der erste von all den vielen langweiligen Ferientagen ist, die noch vor ihr liegen. Daniela ist mit ihren Eltern auf Kreuzfahrt rund um die Welt und Pippa kann sich langweilen.

Pippa langweilt sich eine ganze Woche lang und es wird nicht besser. Jetzt will nämlich auch noch Mama verreisen. Und zwar nur mit ihrer Freundin Corinna.
Mama, Papa und Pippa fahren mit dem Lift runter. Pippa findet im Briefkasten eine Postkarte von Daniela. *Liebe Pippa! Sonnige Grüße aus Monte Carlo. Deine Daniela.*
Papa küsst Mama zum Abschied und trägt ihren Koffer vors Haus. Mama steigt zu Corinna ins Auto. Die zwei fahren gemeinsam in den Schwarzwald. Ganze fünf Tage. Und Pippa kann mit Papa zu Hause hocken.

Pippa kickt mit dem Fuß gegen den Reifen von Corinnas Auto. Papa verstaut Mamas Koffer.

Corinna reicht Papa noch schnell eine große gelbe Tasche vom Rücksitz. „Nicht, dass wir das Wichtigste vergessen!" Dann fährt sie mit Mama davon. Papa winkt. Pippa nicht. Sie ist lieber sauer, weil Mama es sich schön macht und sie nicht mitdarf.

„Hey", sagt Papa, „nicht sauer sein."

„Doch", sagt Pippa, „sogar stinksauer. Hier in der Stinkstadt hocken ist stinklangweilig."

„So viel Stink auf einmal?!"

„Ja, stink, stink, stink!" Pippa spuckt auf den Boden.

„Tja, wenn das so ist, dann kann ich dich wohl gar nicht mitnehmen auf meine Reise?" Papa schaut prüfend in die grauen Wolken. „Was soll denn das schon für eine Reise sein?" Pippa verschmiert ihre Spucke mit dem Fuß.
Papa schultert die gelbe Tasche und geht ins Haus. „Weißt du, Pippa, das Land, in das wir reisen, ist unendlich weit weg."
„Und wie sollen wir da hinkommen?" Pippa wird das Gefühl nicht los, dass Papa sie verschaukelt.
Er schiebt sie in den Lift. „Mit einer Rakete!" Papa zählt rückwärts. „Drei, zwei, eins ..."
Er nimmt Pippas Finger und drückt ihn auf die Elf. „Start!! Die Rakete fliegt los!" Papa wackelt mit dem Kopf und schlenkert mit den Armen, als würde ihn die Lift-Rakete durcheinander schütteln.
So eine blöde Reise! Papa kann noch so viele

doofe Raketengeräusche machen, Pippa bleibt stinksauer.

„Willst du wissen, wie das Land heißt?" Papa schließt die Wohnungstür auf.

„Wahrscheinlich *Wohnung* oder *Kinderzimmer*", sagt Pippa gelangweilt.

„Nein", sagt Papa, „es hat verschiedene Namen. *Balkonien* zum Beispiel. Oder *Südöstliches Dachterrassien*. Oder *Insel der Daheimgebliebenen*." Er geht raus auf den Dachgarten, stellt die gelbe Tasche ab und öffnet den Reißverschluss.

Als Pippa sieht, was Papa aus der Tasche zieht, wird sie ganz aufgeregt. „Ein Zelt?"
„Ein stinklangweiliges Zelt, in dem ich in den nächsten Tagen mit meiner stinksauren Pippa stink-stink-wohnen muss!"
Aber da ist Pippa gar nicht mehr stinksauer. Gemeinsam bauen sie das Zelt auf und es ist, als wären sie wirklich ganz weit weg. Über ihnen ist der Himmel und unten rauscht der Stadtverkehr wie die Brandung des Meeres.
„Und am Samstag machen wir einen Ausflug

in die Berge." Papa rollt im Zelt die große Luftmatratze aus. „Nur wir zwei. Los, hilf pusten!"
Sie blasen die Luftmatratze auf. Dann zünden sie den Campingkocher an und machen sich eine Dose Ravioli heiß. Die war im Küchenschrank, aber das war gar kein Küchenschrank, sondern ein kleiner Laden im südlichen Balkonien. Pippa hat die Dose gekauft. Es hat ewig gedauert, bis der Verkäufer verstanden hat, was Pippa wollte. Das Wort Ravioli gibt es nämlich nicht in der balkonischen Sprache.

Satt und glücklich liegt Pippa neben Papa im Zelt.
Eigentlich sollte ich Daniela eine Ansichtskarte schreiben, denkt Pippa. *Sonnige Grüße von der Insel der Daheimgebliebenen!* Aber dafür ist sie jetzt viel zu müde. „Junid adlamar, Babba", murmelt sie. Das heißt auf Balkonisch ‚Gute Nacht, Papa'. Aber Papa sagt nichts mehr. Er schläft. Pippa kuschelt sich in Papas Arm und lauscht seinem Schnarchen und den Regentropfen, die aufs Zeltdach fallen.

Verregnete Ferien

„Muss das ausgerechnet in den Ferien sein?"
Pippa hat keine Lust, das Wohnzimmer
auszuräumen, bloß weil Papa den Maler
bestellt hat.
„Ferien sind auch dazu da, Sachen zu
machen, für die man sonst keine Zeit hat!"
Papa schiebt den Fernsehsessel mitsamt
Pippa drauf in die Küche. „Und am Samstag
machen wir unseren Vater-Tochter-Ausflug in
die Berge! Das heißt, wenn es bis dahin
aufhört zu regnen!"
Pippa schlüpft in ihre Ringelsocken. „Daniela
macht mit ihren Eltern Urlaub auf einem
Luxusdampfer. Und wir?"
„Wir renovieren! Was glaubst du, wie sich
Mama freut, wenn sie aus dem Schwarzwald
zurückkommt und das frisch gestrichene
Wohnzimmer sieht?"

Papa nimmt den Kellerschlüssel vom Schlüsselbrett. „Los, hilf mir Kartons holen!" Aber Pippa bleibt einfach auf dem Fernsehsessel hocken und rollt ihre Ringelsocken rauf und runter.
Papa fährt viermal mit dem Lift in den Keller. Die ersten drei Male kommt er mit jeder Menge zusammengefalteter Kartons zurück.

Beim vierten Mal hat er eine Plastikbox mit Farbtöpfen und Pinseln dabei. Er klatscht mit der flachen Hand auf die Wohnzimmerwand. „Wie wär's mit einem Wandgemälde?"

„Aber", sagt Pippa ungläubig, „Wände darf man doch nicht bemalen."
„Wenn sie demnächst frisch gestrichen werden, schon!" Papa legt die Kartons auf dem Wohnzimmerboden aus und klebt sie mit Klebeband fest, damit keine Farbe auf den Boden tropft. Er hat sich wieder mal verschätzt und viel zu viele Kartons heraufgeholt. Ein ganzer Stapel bleibt in der Mitte des Wohnzimmers übrig.

Pippa rutscht vom Fernsehsessel. Papa öffnet mit einem Schraubenzieher die Farbtöpfe. Und dann sind Pippa und Papa zwei Maler. Wandmaler!
Papa pinselt einen gelben Strand und ein blaues Meer an die Wand. Und Pippa malt sich und Papa und Mama dazu, wie sie im Sand sitzen. Papa tupft eine graue Wolke über das Meer. Pippa malt eine strahlende Sonne daneben.
„Ich bin eine Sonnenmalerin!" Pippa setzt sich auf den Stapel mit den zusammengefalteten Kartons und lacht. Draußen auf dem Dachgarten steht ihr Zelt im Regen, aber

von ihrer Wohnzimmerwand scheint die Sonne.

Papa geht zum Einkaufen und Pippa soll inzwischen die übrig gebliebenen Kartons in den Keller räumen. Aber vorher hat Pippa noch Durst. Auf der Kühlschranktür klebt die Postkarte mit dem Kreuzfahrtschiff drauf, die Pippa heute von Daniela bekommen hat.
Unser Luxusdampfer hat sogar drei Swimmingpools an Bord. Sonnige Grüße aus Gibraltar. Deine Daniela.
Pippa trinkt ein Glas kalte Milch. Dabei schaut sie rüber zu dem Berg aus leeren Kartons und hat eine Idee.

Sie schleppt die Kartons in ihr Zimmer, wirft das Klebeband auf ihr Bett und holt die Handwerkerschere von Papa.
Ihr Zimmer ist so voll gestopft, dass Pippa kaum noch die Tür zukriegt. Mit der Schere schneidet sie die Kartons zurecht und klebt die Einzelteile mit Klebeband aneinander. Pippa schwitzt und schneidet und klebt. Und am Schluss steht sie in einem riesigen Dampfer. Swimmingpools braucht ihr Dampfer nicht. Also fehlt nur noch ein Schornstein. Pippa will neues Klebeband holen. Aber sie kriegt ihre Zimmertür nicht mehr auf.

Der Luxusdampfer füllt das ganze Zimmer aus. Man kann die Tür nur noch einen winzigen Spaltbreit aufmachen. Das Schiff lässt sich auch nicht verschieben, denn längsseits klemmt es zwischen Bett und Schrank, mit dem Heck stößt es an die Tür und der Bug reicht bis an Pippas Schreibtisch.
„Pippa?! Bist du da drin?" Der ganze Dampfer schaukelt, weil Papa versucht, die Tür aufzudrücken. „Pippa, was klemmt denn da?" „Mein Dampfer! Nicht kaputtmachen!" Pippa krabbelt ans Heck und erklärt Papa durch den Türspalt die Lage. Eine Weile ist es still, dann klopft es an Pippas Fenster. Papa steht draußen auf dem Dachgarten im Regen und gibt Pippa Zeichen. Pippa steigt vom Bug aus auf den Schreibtisch und öffnet das Fenster. Papa klettert durchs Fenster herein. Gemeinsam sitzen sie im Schiff und denken nach.

„Hm." Papa zupft an seinem Ohr. „Eins muss raus. Das Schiff oder das Bett!"
Aber da weiß Pippa plötzlich die Lösung.
Sie schneiden den Kartonboden aus dem Schiff raus und stülpen den Dampfer einfach über Pippas Bett. Das Bett verschwindet ganz im Bauch des Schiffes. Den ausgeschnittenen Schiffsboden rollen sie zu einem dicken Schornstein zusammen. Jetzt hat Pippa einen Luxusdampfer, in dem sie schlafen kann, und die Zimmertür geht auch wieder auf.
Da klingelt es. Der Maler! Den haben Pippa und Papa ganz vergessen.

Schweigend schauen sie dem Maler zu, wie er die erste, die zweite und die dritte Wand tüncht. Eben fängt er mit der vierten an, streicht von der Ecke her immer näher zu dem Wandgemälde. Jetzt übermalt er Papas Wolke, taucht die Rolle in den Farbeimer … gleich wird Pippas Sonne unter der weißen Wandfarbe verschwinden und dann Pippa und Papa und Mama und das Meer …
„Halt!", ruft Pippa.
„Ja, halt!", ruft auch Papa.
Der Maler schaut sie groß an. Farbe tropft von der Rolle auf seine Hand.

„Bitte lassen Sie das Wandgemälde frei und streichen Sie nur noch die Ecke daneben!", sagt Papa.
Eine halbe Stunde später verabschiedet sich der Maler.
Nachdem Pippa und Papa das Wohnzimmer sauber gemacht, die Möbel wieder an ihren Platz gerückt, die Kartons in den Keller geräumt und zu Abend gegessen haben, klettert Pippa in ihren Luxusdampfer.
Draußen regnet es in Strömen. Aber Pippa hat ganz viel Feriengefühl. Das kommt sicher von ihrem Schiffsbett und dem blauen Meer an ihrer Wohnzimmerwand.

Ferien mit Tante Edith

Es ist Freitag und die Sonne scheint. Pippa und Papa haben neue Schnürsenkel für Papas Bergschuhe gekauft. Gerade kommen sie aus dem Schuhgeschäft, da klingelt Papas Handy. Während Papa telefoniert, schaut Pippa sich die Sachen in dem Automaten an der Ecke an. Der Automat steckt voller Plastikkugeln mit Schmuck drin. Papa schiebt das Telefon in die Tasche. „Tante Edith kommt zu Besuch!"
„Oh, nein!" Pippa ist Tante Ediths Lieblingsnichte. Und es ist ziemlich schlimm, Tante Ediths Lieblingsnichte zu sein. „Sie küsst mich immer! Mit ganz nassen Lippen!" Papa zuckt nur mit den Schultern. „Mhm ... Sie will ein paar Tage bleiben. Also, unseren Ausflug morgen in die Berge werden wir dann wohl zu dritt machen müssen!"

In die Berge mit Tante Edith! Diese Ferien sind wirklich die allerblödesten der Welt. Pippa hält sich einfach die Ohren zu und will überhaupt nicht mehr hören, was Papa sagt. So enttäuscht ist sie.
Normalerweise würde Papa so etwas nie tun, aber jetzt steckt er einen Euro in den Schlitz des Automaten und lässt eine Plastikkugel heraus. In der Plastikkugel ist ein goldener Ring. Papa drückt Pippa den Ring in die Hand. „Vielleicht ist es ja ein Zauberring, der zaubert, dass meine Pippa nicht mehr ganz so sauer ist?"

Auf dem Heimweg steckt Pippa den Ring an den Finger, aber sauer ist sie noch immer. Papa lässt Wasser in den Putzeimer laufen.

„Tante Edith hat mir am Telefon erzählt, dass sie neuerdings allergisch gegen Katzenhaare ist. Zum Glück haben wir keine Katze!"
„Aber Marie-Belle aus dem 7. Stock hat eine", sagt Pippa, „vielleicht kann sie uns die leihen!"

Aber das hält Papa für keine so gute Idee. Er putzt das Badezimmer und Pippa muss eine Tür in den Kartondampfer um ihr Bett herum schneiden und ihr Zimmer sauber machen.

Tante Edith wird nämlich in Pippas Zimmer schlafen und Pippa draußen im Zelt auf der Dachterrasse. Pippa dreht an dem Ring und wünscht sich, dass Tante Edith einfach nicht kommt, aber da klingelt es auch schon. Tante Edith breitet die Arme aus. „Philippa, meine Lieblingsnichte", keucht sie und drückt Pippa einen nassen Kuss auf jede Backe. Bevor Tante Edith auch noch ihre Nase küsst, bückt Pippa sich nach Tante Ediths Reisetasche und trägt sie in ihr Zimmer. Beim Abendessen erzählt Tante Edith von all den Krankheiten, die sie schon hatte. Dazwischen zieht sie Pippa an sich und küsst sie, wohin sie gerade trifft. Pippa schwitzt. Sie stößt unter dem Tisch gegen Papas Fuß. Das ist das Zeichen, dass er jetzt endlich sagen soll, was sie für den Notfall vereinbart haben. Papa zwinkert Pippa zu. „Ich glaub, Pippa muss jetzt schlafen gehen."

Pippa rutscht vom Stuhl, aber da hält Tante Edith sie am Arm fest. „Heute darf Pippa doch ausnahmsweise mal länger aufbleiben!" Eine halbe Sekunde bevor Tante Ediths glänzende Lippen auf Pippas Stirn landen, springt Pippa auf. „Ich muss aufs Klo!" Schnell rennt sie raus.

Als Pippa sich ein paar Minuten später wieder an den Tisch setzt, verpasst Tante Edith ihr einen dicken Schmatz – und muss niesen. „Hier ist doch … hatschi … nirgends eine Katze?" Tante Edith niest und niest. „Ich bin nämlich … hatschi … allergisch!"

Papa schaut Pippa mit zusammengekniffenen Augen an.

Pippa gießt sich ganz unschuldig Tee nach.

„Vielleicht bist du ja auch gegen mich allergisch, Tante Edith!"

Tante Edith will nicht glauben, dass sie gegen Pippa allergisch ist, aber als sie es mit einem Bussi mitten auf Pippas Kopf ausprobiert, bekommt sie tatsächlich sofort wieder einen Niesanfall.

Pippa lächelt wie ein Engel. „Entschuldigung, aber ich geh dann jetzt doch besser schlafen."

Pippa läuft raus auf den Dachgarten und kriecht ins Zelt.

Später kommt Papa zu ihr. „Sag mal, Pippa, kann es sein, dass du vorhin gar nicht auf dem Klo warst, sondern bei Marie-Belle?"
Pippa stellt sich schlafend.
„Und kann es sein", fragt Papa weiter, „dass dir bei diesem Kurzbesuch Marie-Belles Katze auf dem Kopf rumgetanzt ist?"

Pippa rührt sich nicht.
Da zieht Papa den Reißverschluss von Pippas Schlafsack bis oben hin zu und gibt Pippa einen Kuss. Und er muss überhaupt nicht niesen.

Am nächsten Morgen findet Pippa wieder eine Postkarte von Daniela im Briefkasten. *Herzliche Grüße aus dem sonnigen Casablanca. Deine Daniela.* Pippa knallt ärgerlich das Türchen vom Briefkasten zu. Warum kann nicht Tante Edith auf Kreuzfahrt sein und Daniela hier. Oder wenigstens nur Tante Edith weg. Dann könnten Pippa und Papa heute ganz alleine in die Berge fahren. Aber jetzt sitzen sie zu dritt im Bahnhofs-Restaurant. Und in zehn Minuten geht ihr Zug. Als Tante Edith noch schnell auf die Toilette muss, dreht Pippa noch mal an ihrem Zauberring. Aber der Ring funktioniert kein bisschen, denn sonst wäre Tante Edith auf der Toilette sitzen geblieben und hätte den Zug in die Berge verpasst. Stattdessen hat sie jetzt den Platz in Fahrtrichtung und verbietet Pippa, das Fenster aufzumachen.
Nach der Zugfahrt geht es noch ein Stück

mit dem Bus weiter. Dann stehen sie an der Talstation vom Sessellift. Papa fährt als Erster, dann kommt Pippa und das Schlusslicht soll Tante Edith machen. Als Pippa mit ihrem Sessel hochschwebt, dreht sie an dem Ring und wünscht, dass Tante Edith sich in Luft auflöst. Oben angekommen nimmt Papa Pippa in Empfang. Dann warten sie auf Tante Edith. Aber da kommt nur ein leerer Sessel. Und auch der nächste Sessel ist leer. Sie warten noch weitere Liftsessel ab.

Tante Edith ist nicht dabei.
„Komm", sagt Papa, „wir fahren wieder runter und suchen nach ihr. Sie kann sich doch nicht einfach in Luft aufgelöst haben."
Verstohlen schaut Pippa auf ihren Zauberring. Während sie über all die grünen Baumwipfel hinweg wieder nach unten schwebt, tut es ihr doch irgendwie Leid um Tante Edith. Wo man wohl landet, wenn man weggezaubert wird? Pippa fasst nach dem Zauberring, schließt die Augen und dreht. „Ich wünsche mir, dass Tante Edith wieder da ist." Pippa macht die Augen auf. Sie sieht die Talstation und auf

der Bank davor sitzt Tante Edith neben einem Mann mit Tirolerhut.

„Ich wollte mich eben in den Lift setzen, da hab ich Meinrad getroffen!", sagt Tante Edith, als Pippa und Papa unten ankommen.

Der Mann mit dem Tirolerhut ist ein alter Schulfreund von Tante Edith. Sie haben sich ewig nicht gesehen und wollen jetzt unbedingt zusammen Kaffee trinken.

„Wir haben uns ja so viel zu erzählen." Tante Edith hakt Meinrad unter und zieht ihn in Richtung Café.

Pippa und Papa fahren wieder hoch zur Bergstation. Von da aus klettern sie zu Fuß weiter. Ganz oben auf dem Berg machen sie mit Selbstauslöser ein Foto von sich am Gipfel. Für Mama. Zum Beweis.

Pippa schaut runter zum Café, vor dem ganz klein Tante Edith und Meinrad sitzen. Pippa ist überhaupt nicht mehr sauer. Ein bisschen zaubern kann ihr Ring scheinbar doch.

Ferien auf Burg Felsenstein

„Es ist ja nur übers Wochenende!", sagt Mama und stülpt ein Stirnband über das Seidentuch auf Pippas Kopf. Das ist ihr Burgfräulein-Schleier. Pippa seufzt. Sie muss ganz allein auf eine Kinderfreizeit fahren. Und weil diese Kinderfreizeit auf einer Burg stattfindet, soll Pippa sich auch noch mittelalterlich verkleiden.

Warum nur ist Daniela auf dieser dummen Kreuzfahrt, denkt Pippa, als sie in den Bus zu all den fremden Burgfräulein und Rittern steigt.

Der Bus fährt los. Draußen steht Mama und winkt. Drinnen sitzt Pippa und kennt keinen einzigen Menschen. Sie holt die Postkarte aus ihrem Rucksack, die sie heute Morgen bekommen hat. *Herzliche Grüße aus dem sonnigen Teneriffa. Deine Daniela.* Pippas Blick wird immer verschwommener.

„Hi, Pippa!" Michael setzt sich neben sie. Michael geht in Pippas Klasse, aber Pippa wusste gar nicht, dass er auch auf die Freizeit mitfährt. Schnell wischt sie sich mit ihrem Burgfräulein-Schleier über die Augen.

„Cool, was?!" Michael klopft mit seinem Holzschwert an seinen Ritterhelm, der früher eindeutig mal ein Nudelsieb war. Auf die Schwertklinge hat er Blutstropfen gemalt.

Als der Bus vor dem Burgtor anhält, werden sie von einer jungen Frau und einem jungen Mann in Empfang genommen. „Ich bin Nina", sagt die Frau. „Und der Ritter hier heißt

Sören. Wir sind eure Betreuer. Herzlich willkommen zur Ritter-Kinderfreizeit auf Burg Felsenstein."

Pippa kommt mit drei anderen Mädchen in ein Viererzimmer. Amelie, Larissa und Bea sind Freundinnen. Die ganze Zeit unterhalten sie sich nur miteinander. Jetzt sitzen sie zu dritt auf Larissas Bett und spielen ein Würfelspiel.

„Darf ich mitspielen?", fragt Pippa.
„Nein, darfst du nicht." Larissa würfelt ohne aufzusehen. „Ich gewinne gerade!"
Schnell dreht Pippa sich weg und packt weiter ihren Rucksack aus. Traurig betrachtet sie die kleinen Lämmchen auf ihrem Schlafanzug.
Pippa ist zum Heulen zumute. Sie stopft den Schlafanzug unter ihr Kopfkissen. Das wird sicher die schlimmste Nacht ihres Lebens.
Als sich endlich alle im Burghof zum Turnier versammeln, kommt Pippa zum Glück zu Michael in die Gruppe und nicht zu Larissa. Es gibt verschiedenste Wettkämpfe.

Bogenschießen, Kugelstoßen und Sackhüpfen. Aber nicht einmal beim Eierlauf kann Pippa vergessen, dass sie hier keine einzige Freundin hat.
Abends sitzen alle im großen Rittersaal. In der Ecke stehen Thermoskannen mit Tee und sogar drei Begrüßungstorten am Boden. Sören erzählt eine Gruselgeschichte. Es geht um einen Friedhofsgartenschlauch, der nachts durch ein Dorf geistert und seinen Opfern eine kalte Dusche verpasst. Michael findet das langweilig.

„Dann soll jetzt Michael eine Gruselgeschichte erzählen!" Nina geht zur Tür.
„Fang ruhig schon an, ich komme gleich wieder", sagt sie.
Im Rausgehen schaltet sie das Licht aus. Das Feuer im Kamin flackert, Schatten huschen über die Wand. Michaels Geschichte handelt von einer abgeschlagenen, aufgedunsenen weißen Hand, die immer wieder an Türen und Fenster klopft.
„Und wieder war eine finstere Nacht. Ein alter Mann saß in der guten Stube am Feuer. Da klopfte es ..." Michaels Stimme klingt ganz hohl und bei „klopfte" stampft er mit dem Fuß

auf den Boden. Alle zucken zusammen, weil in diesem Augenblick die Tür mit lautem Krachen aufschlägt. Ein Gespenst kommt herein und schwebt genau auf Michael zu. „Buh", macht das Gespenst. Michael springt schreiend zurück, stößt die Thermoskannen um und fällt der Länge nach in eine Torte. „Huhbuh … Erschrecken macht Spaß!" Das Gespenst zieht sich das Leintuch vom Kopf. Es ist Nina. Alle lachen. Nur Michael schaut finster drein.

Nachdem sie die restlichen Torten verspeist haben, klatscht Sören in die Hände. „Alle Ritter und Burgfräulein, Abmarsch ins Bett!"

Auf der Treppe drückt Michael Pippa einen Zettel in die Hand. „Komm um halb zehn zur alten Truhe im 2. Stock", liest Pippa und steckt den Zettel in die Tasche.
Pippa liegt wach im Bett. Endlich sind Amelie, Larissa und Bea eingeschlafen. Pippa schaut auf die Uhr. Halb zehn. Gerade will sie sich aus dem Zimmer schleichen, da wacht Larissa auf und fragt, wo Pippa hinwill.
„Nur aufs Klo", lügt Pippa.
Michael sitzt im Gang auf der alten Truhe

und wartet schon auf sie. Er riecht immer noch ein bisschen nach Torte. Mit einem Filzstift bemalt er ein Stück Pappe, in das zwei Augenlöcher geschnitten sind. Neben ihm liegt eine zweite Maske, die schon fertig ist.

„Komm, Pippa, der Gespenster-Nina zeigen wir es jetzt!"

„Darf ich mitgeistern?", fragt da plötzlich eine Stimme hinter ihnen. Es ist Larissa. Sie muss Pippa nachgeschlichen sein.

„Nein, darfst du nicht." Michael setzt schnell seine Maske auf.

Larissa dreht sich enttäuscht um und geht mit hängenden Schultern davon. Nachdenklich betrachtet Pippa die Lämmchen auf dem Ärmel ihres Schlafanzugs.

„Warte." Pippa läuft Larissa hinterher. „Hol Amelie und Bea. Und bringt eure Leintücher mit!"

Sofort rennt Larissa los und kurz darauf lauschen fünf schaurige Gestalten an der Tür vom Fernsehzimmer. Zwei Monster und drei Gespenster. Sie hören gedämpfte Musik und Stimmen. Leise macht Michael die Tür auf. Sören und Nina sitzen auf dem Sofa und schauen auf den Fernseher.
Mit Gebrüll stürzt die Gruselbande ins Zimmer. Vor Schreck springen Sören und Nina auf. Dabei fällt das Tischchen um und eine Schale mit Chips landet am Boden.
„Huhbuh … Erschrecken macht Spaß!", ruft Michael mit schauriger Stimme, und bevor Sören und Nina was sagen können, saust die ganze Gruselbande davon.

„Bis morgen", verabschiedet sich Michael an der Treppe.

Pippa, Amelie, Larissa und Bea laufen zurück in ihr Zimmer. Schnell springen sie in ihre Betten.

Pippa kuschelt sich in ihre Bettdecke. Sie kann ewig nicht einschlafen. Aber ganz gewiss nicht, weil diese Nacht die schlimmste ihres Lebens ist. Es liegt wohl eher daran, dass Pippa, Amelie, Larissa und Bea noch so viel reden und kichern und kichern und reden müssen. Eigentlich schade, dass sie morgen schon wieder nach Hause fahren.

Ferienhäuser am Meer

Es ist Sonntagmorgen und Pippa muss nicht in die Schule. Sie bleibt ganz lang in ihrem Bett liegen.

In ihrem eigenen wunderbaren, gemütlichen Pippabett. Da kommt Papa in ihr Zimmer. Er hat zwei Neuigkeiten. Die erste ist eine Postkarte für Pippa. *Herzliche Grüße von den sonnigen Bahamas. Deine Daniela.*

Papa zieht Pippas Vorhänge auf. „Wir müssen Marie-Belle bitten, dass sie unsere Blumen gießt."

„Warum?", fragt Pippa.

„Weil wir drei ans Meer fahren!"
Das ist die zweite Neuigkeit. Papa erzählt, dass Onkel Otto und Tante Teresa sich ein Ferienhaus an der Ostsee gemietet haben. „Aber sie können nicht hinfahren. Sie sind zu Hause in Berlin mit ihrem Tandem gestürzt. Tante Teresa hat eine Bänderzerrung und Onkel Ottos Arm ist gebrochen."
Erst kann es Pippa gar nicht glauben, aber als Mama vom Einkaufen heimkommt, hat sie für sich und Pippa einen neuen Badeanzug gekauft, für Papa eine neue Badehose und für sie alle drei Regenmäntel. „Man weiß doch an der Ostsee nie, wie das Wetter wird."
Es ist noch dunkel, als sie zwei Tage später losfahren. Pippa war noch nie am Meer. Sie hat es natürlich schon im Fernsehen gesehen, auf Danielas Postkarten und auf dem Wandgemälde in ihrem Wohnzimmer. Aber noch nie in echt.

„Wann kommt endlich das Meer?", will Pippa schon zum zigsten Mal fragen, aber da sieht sie es.

„Grau in grau", sagt Papa.

Pippa sagt gar nichts. Sie schaut nur.

Am liebsten würde sie anhalten und das Meer sofort begrüßen. Aber Papa will erst den Küstenort finden, dann die Ferienhaus-Siedlung und schließlich ihr Ferienhaus. Sie finden den Ort, die Ferienhaus-Siedlung und das Ferienhaus. Es ist klein und sieht genauso aus wie die anderen Ferienhäuser hier. Mama will jetzt erst die Zimmer beziehen

und Koffer auspacken. Papa will das Klo
testen und die Dusche. Pippa will ans Meer.
Papa darf noch ganz schnell aufs Klo und
Mama darf noch ganz schnell das Gepäck in
das Häuschen räumen. Aber dann läuft Pippa
ihnen voraus durch die Dünen.
Ganz allein hat Pippa den Weg zum Meer
gefunden. Sie läuft durch den Sand, geht in
die Hocke und streckt die Hand aus. Das
Meer begrüßt Pippa mit einer Welle. Die
Welle erwischt nicht nur ihre Hand, sondern
die ganze Pippa. Obwohl das Wasser kalt
und salzig ist, weiß Pippa, dass sie das Meer
gern hat.

Im Ferienhaus teilen sich Mama und Papa
ein Zimmer und eins gehört Pippa und
Kuschel, ihrem Plüschstinktier. Das
Ferienhausbett riecht fremd. Kuschel riecht,
wie Plüschstinktiere eben so riechen. Ein
bisschen nach Plüsch und ganz viel nach
einem selber.
Am nächsten Tag bauen Mama, Papa und
Pippa am Strand ihre Strandmuschel auf. Die
Strandmuschel ist wie ein halbes Zelt. Eine
Seite ist offen, man kann sich reinsetzen und
ist vor dem Wind geschützt.
„Die Sonne scheint", sagt Pippa.
„Ein ganz klein wenig", sagt Mama.
Und Papa fügt hinzu: „Hinter den Wolken!"
Pippa hat ihren Badeanzug an. Und einen
Pulli obendrüber. Papa und Mama sitzen
aneinander gelehnt in der Strandmuschel und
lesen.
Pippa spielt mit den Wellen. Und die Wellen

spielen erst mit ihren Waden, dann mit ihren Knien und am Schluss mit ihrem Pulli.
Klatschnass kommt Pippa zur Strandmuschel zurück. Aber das Meer hat ihr einen Bernstein geschenkt!
„Das ist die geschliffene Scherbe einer Bierflasche!" Papa dreht Pippas Bernstein zwischen den Fingern, während Pippa sich in der Strandmuschel trockene Sachen anzieht.
„Dann ist es eben kein Bernstein, sondern ein Bierstein", sagt Pippa und schiebt die Scherbe in die Hosentasche.

„Geht ihr zwei mal ins Ferienhaus und holt uns was zu essen und trinken?", fragt Mama, ohne von ihrem Buch aufzublicken. Am Ferienhaus angekommen, will Papa die Tür aufsperren, aber die Tür ist gar nicht abgeschlossen. Hat er wohl vergessen. Papa holt Wurst und Käse aus dem Kühlschrank. Pippa nimmt eine Packung Kekse von der Anrichte. Pippa schaut sich um, irgendwas kommt ihr komisch vor. „Papa, ich glaub, wir sind hier falsch!"
Da hören sie hinter sich eine laute Stimme.
„Hände hoch!"
Vor Schreck lässt Pippa die Kekse fallen. Langsam dreht sie sich mit erhobenen Händen um. Ein kleiner Junge zielt mit einer Wasserpistole auf sie. Papa hebt die Hände hoch und blinzelt verwirrt. In jeder Hand hat er einen Apfel.
Ein Mädchen kommt aus dem Schlafzimmer.

Sie ist etwas älter als der Junge. Ängstlich zeigt sie auf die Äpfel. „Die können Sie gern mitnehmen ... Sie können alles mitnehmen!"
„Was soll das denn?!", schimpft Papa. „Bloß weil ich nicht abgeschlossen hab, könnt ihr doch nicht einfach hier aufkreuzen und ..."
Aber da stößt Pippa mit dem Fuß gegen Papas Bein und flüstert: „Wir sind hier falsch, Papa. Wir sind im falschen Haus."

Das Mädchen stellt sich schützend vor ihren Bruder. „Keine Angst, Nicki, das sind nur Diebe, die tun uns nichts …"
Papa stottert eine Entschuldigung. Pippa und er legen alle Sachen zurück und verlassen ganz schnell das falsche Ferienhaus. Papa setzt sich auf die Terrasse von ihrem eigenen, richtigen Ferienhaus. Von dort aus kann er zu dem falschen Ferienhaus hinüberschauen. Pippa holt Mama. Die Ferienhäuser sehen sich wirklich zum Verwechseln ähnlich.
Mama und Pippa schreiben eine Postkarte an Onkel Otto und Tante Teresa. Papa sitzt nur da und schaut die ganze Zeit zu dem falschen Ferienhaus rüber und beißt nervös auf seiner Lippe herum.
Mama und Pippa schreiben auch noch Karten an Oma und an Tante Ingrid, an Marie-Belle und Tante Edith.

Plötzlich springt Papa auf. Vor dem falschen Ferienhaus hält ein Auto. Ein Mann und eine Frau steigen aus. Papa streicht sich durch die Haare und geht los.

„Warte ... ich war doch auch ein Einbrecher!",
sagt Pippa und läuft Papa hinterher. Sie
halten sich an der Hand.

Papa erklärt den Eltern von dem Mädchen
und dem kleinen Nicki das ganze
Missverständnis. „Bitte, Entschuldigung, aber
das war wirklich nur ein Versehen ...", stottert
er. Am Schluss lachen alle.

„Und?", fragt Mama, als Pippa und Papa
wiederkommen. „Werdet ihr verhaftet?"
Papa zupft sich an seinem roten Ohr und
lächelt. „Wir sind zum Abendessen
eingeladen."

Als die drei spät in der Nacht von dem Essen
bei ihren Ferienhausnachbarn heimkommen,
weiß Pippa, dass die Schwester von Nicki
Manuela heißt und dass sie morgen alle
zusammen eine Kutterrundfahrt machen
werden. Jetzt sitzt Pippa im Bett und schreibt
endlich auch eine Postkarte an Daniela.

Pippa klebt eine Briefmarke auf die Karte und macht das Licht aus. Draußen rauscht das Meer. Und drinnen liegt Pippa und lauscht. Die erste Hälfte ihrer Ferien ist vorbei. Pippa freut sich schon auf die zweite.

Sonne, Mond und Sterne

Fürs erste Lesen gibt's nichts Schöneres!

- Lesealter ab 7/8
- Große Schrift
- Bekannte Autoren
- Viele farbige Illustrationen

ISBN 3-7891-0520-1

Jan-Arne und sein Meerschweinchen King-Kong sind ein gutes Team!
(6 Bände)

ISBN 3-7891-0518-X

Wo die Olchis sind, geht es drunter und drüber!
(10 Bände)

ISBN 3-7891-0613-5

Lena findet Mathe blöd – aber es gibt viele andere Dinge, die sie begeistern!
(7 Bände)

ISBN 3-7891-0614-3

Lanzelotta ist tapfer und kämpft gegen das Böse.
(2 Bände)

ISBN 3-7891-0607-0

Pippa hat ihren eigenen Kopf und lässt sich nichts gefallen! (4 Bände)

ISBN 3-7891-0530-0

Der Franz hat immer große Pläne. Aber ob die klappen? (16 Bände)

Alle »Sonne, Mond und Sterne«-Kinderbücher unter:
www.oetinger.de